AF625699

EINFACH *genial* GRILLEN

Plancha & Feuerplatte

Folgt dem HEEL Verlag gerne auch unter

www.instagram.com/heelverlag

www.facebook.com/heelverlag

www.youtube.com/heelverlag

@heelverlag

IMPRESSUM

HEEL Verlag GmbH
Gut Pottscheidt
53639 Königswinter
Tel.: 02223 9230-0
Fax: 02223 9230-13
E-Mail: info@heel-verlag.de
Internet: www.heel-verlag.de

© 2023 HEEL Verlag GmbH

Alle Rechte, auch die des Nachdrucks, der Wiedergabe in jeder Form und der Übersetzung in andere Sprachen, behält sich der Herausgeber vor. Es ist ohne schriftliche Genehmigung des Verlages nicht erlaubt, das Buch und Teile daraus auf fotomechanischem Weg zu vervielfältigen oder unter Verwendung elektronischer bzw. mechanischer Systeme zu speichern, systematisch auszuwerten oder zu verbreiten.

Autor: Oliver Sievers
Fotos: Sandra Then
Projektleitung: Christine Birnbaum
Gestaltung: Christine Mertens, HEEL Verlag, Sabine Vonderstein, Köln
© Adobe Stock: peekeedee, daizuoxin, mamamaria, Maria.Epine, Olga Serova, Wonder-studio

Dieses Buch und die darin enthaltenen Rezepte wurden nach bestem Wissen und Gewissen verfasst. Weder der Verlag noch der Autor tragen die Verantwortung für ungewollte Reaktionen oder Beeinträchtigungen, die aus der Verarbeitung der Zutaten entstehen.

– Alle Rechte vorbehalten –
– Alle Angaben ohne Gewähr –

Printed in Slovenia

ISBN 978-3-96664-562-1

EINFACH *genial* GRILLEN

Plancha & Feuerplatte

MIT GRILLWELTMEISTER

Oliver Sievers

HEEL

Inhalt

VEGETARISCHES

STEAKS · KOTELETTS UND CO.

BURGER · WURST UND CO.

GEFLÜGEL

FISCH UND CO.

SAUCEN · DIPS · RUBS

Hallo Grillfreunde,

seit einigen Jahren schon gibt es den Trend, offenes Feuer im Garten dekorativ in Szene zu setzen.

Ein schönes Feuer im Garten ist besonders in der kalten Jahreszeit Wärmequelle und gesellschaftlicher Mittelpunk zugleich.

Aus den großen Metallschalen ist dann sehr schnell eine Art kombinierte Feuer- und Kochstelle geworden.

Vorbild dafür war sicher die in Spanien verwendete, mit Gas oder Kohle betriebene Plancha. Auch in den USA sind in den meisten Burgerläden gasbetriebene Edelstahlplatten üblich.

Zuerst noch mit dem Fokus, ein schönes Möbel für den Außenbereich zu gestalten, haben sich dann einige Hersteller schnell dem Thema Grillen und Kochen im Garten zugewandt, und die Feuerschalen wurden zu Feuerplatten mit vielen Möglichkeiten der Speisenzubereitung.

Reichhaltiges Zubehör lässt kaum noch Wünsche offen, ob Braten, Kochen, Woken, Grillen oder Langzeitgaren an Gestellen, Ketten oder Kreuzen wie beim argentinischen Asado, fast alles ist mittlerweile machbar.

Ich persönlich „arbeite" sehr gerne an Feuerplatten, besonders bei Veranstaltungen oder mit vielen Gästen im heimischen Garten. Alle sehen genau, was passiert, was es zu essen gibt und das Flair des offenen Feuers zieht praktisch jeden in seinen Bann.

Ist die Platte groß genug, kann man problemlos den kompletten Gang mit Fleisch, Beilage, Gemüse und Sauce gleichzeitig zubereiten. Mit einer guten Planung und der richtigen Auswahl der Speisen bekommt man auch größere Gruppen gut mit außergewöhnlichen, interessanten Gerichten versorgt.

Es gibt Platten in jeder Preisklasse, als Bausätze für Selbermacher, als Zubehör zum Nachrüsten von Kugelgrills, Keramikgrills oder Feuertonnen, oder als eigenständiges Grillgerät mit Unterbau zur Lagerung von Holz oder zum Warmhalten vorbereiteter Speisen.

Die meisten Rezepte in diesem Buch können nicht nur auf Feuerplatten oder Planchas zubereitet werden, eine Griddelplatte für den Grill funktioniert ebenfalls nach dem gleichen Muster: eine beheizte große Fläche mit unterschiedlichen Temperaturzonen.

Oliver Sievers

Vorbereitung der Platte

Wenn man sich eine neue Feuerplatte zulegt, sollte diese vor der ersten Benutzung eingebrannt werden. Dadurch verbrennen alle Produktions- oder Lagerrückstände (z. B. Öl zur Rostvermeidung), außerdem bekommt die Platte eine Art Patina, die Antihaftbeschichtung und Rostschutz zugleich ist. Eine Feuerplatte verformt sich bei Erwärmung leicht schalenförmig in eine Richtung, zur Benutzung sollte die Platte konkav aufliegen. Bei manchen neuen Platten weiß man erst beim ersten Einsatz, ob die Platte richtig herum auf der Schale liegt.

Zum Einbrennen heizt man die Platte einfach mit ordentlich Feuer an, und dann wird schnell klar, ob die Platte gedreht werden muss oder nicht. Jetzt sollte man dem Feuer Zeit genug geben, alle Rückstände zu verbrennen. Ich würde mindestens 30 Minuten veranschlagen. Danach nimmt man ein neutrales Pflanzenöl und reibt die heiße Platte großzügig damit ein. Diesen Vorgang wiederholt man nach ein paar Minuten noch einmal. Jetzt ist die Platte einsatzbereit. Je öfter man die Platte vor dem Gebrauch und nach der Reinigung einölt, desto wirksamer sind Antihaftfunktion und Rostschutz.

Anheizen und Steuern der Hitze

In der Mitte der Schale einfach getrocknetes Holz aufstapeln, am Anfang eignen sich dünne Scheite besonders gut. Dann startet man das Feuer mit Hilfe von geeigneten Anzündwürfeln oder Holzwolleanzündern. Nach und nach können die Scheite größer und massiver werden. Wenn sich in der Mitte eine schöne Glut gebildet hat, verbrennt das nachgelegte Holz darüber normalerweise fast rauchfrei.
Jetzt muss man überlegen, was man zubereiten möchte, und welchen Temperaturbereich man benötigt. Theoretisch kann man einfach das Feuer sehr zentral lassen, dann ist die Platte in der Mitte sehr heiß und wird in Richtung Rand immer „kälter". Das funktioniert auch bei fast allen Rezepten sehr gut. Mit der Methode sollte man auch anfangen und die ersten Erfahrungen sammeln. Im Laufe der Zeit hat man die Positionierung und Stärke des Feuers gut im Griff und seiner eigenen Arbeitsweise angepasst.
Jetzt muss man nur noch von Zeit zu Zeit etwas Holz nachlegen, um die Hitze zu halten. Wer mehr Hitze braucht, muss einfach mehr Holz nachlegen. Um kurzfristig viel Hitze zu bekommen, sind dünnere Hölzer besser geeignet, deshalb habe ich immer 3 Sortierungen Holz zu Hause. Anmachholz aus dünnen Hölzern, mittlere Stärke für schnelle Hitze und dicke Scheite Hartholz für die Grundhitze, davon braucht man auch am meisten.
Natürlich lassen sich hier schwer exakte Temperaturen oder Zeiten angeben, jede Platte reagiert anders, verteilt die Hitze anders, und auch das verwendete Holz und das Wetter sorgen jedes Mal für eine neue Situation. Allerdings kennt man schnell seine Platte, und mit ein bisschen Erfahrung kommt man schnell zu sehr guten Ergebnissen.
Es versteht sich von selbst, dass nur geeignete Harthölzer verbrannt werden, die auch ausreichend abgetrocknet sein sollten. Harzhaltige Nadelhölzer eignen sich weniger, da sie zu einem bitteren Belag führen können.
Ich schiebe das Feuer meist auf eine Seite der Schale, damit ich direkt darüber einen sehr heißen Bereich, links und rechts davon einen mittleren, und gegenüber dem Feuer einen nur noch „warmen" Bereich habe. Die meisten Zutaten landen bei mir zuerst im sehr heißen Bereich, bevor ich sie dann, je nach Zutat, in die anderen Bereiche schiebe oder lege. Das bedarf allerdings einer gewissen Erfahrung, über die man aber schnell verfügt, wenn man die Platte häufiger nutzt.

VEGETARISCHES

Cheese Sandwich

4 Portionen

8 Scheiben Sandwichtoast

Mayonnaise

150 g Cheddar, gerieben

150 g Bergkäse, gerieben

50 g Parmesan

2 milde Chilischoten

frisch geschroteter Pfeffer

Zubereitung

1 | Die Toastscheiben auf einer Seite dünn mit Mayonnaise bestreichen.

2 | Cheddar und Bergkäse mischen und auf 4 Toastscheiben verteilen.

3 | Die Chilischoten in feine Ringe schneiden und auf den Käse legen.

4 | Mit etwas Pfeffer würzen und etwas vom Parmesan darüber reiben.

5 | Die anderen Toastscheiben auflegen und von außen dünn mit Mayonnaise bestreichen.

6 | Parmesan auf die Mayo reiben und die Sandwiches umdrehen.

7 | Wieder mit Mayo bestreichen und mit Parmesan bestreuen. Der Parmesan bleibt gut auf der Mayo kleben.

8 | Die Platte vorheizen und die Sandwiches bei milder Hitze von beiden Seiten insgesamt 10 bis 15 Minuten braten.

9 | Dabei mehrfach wenden, bis eine schöne Kruste entstanden und der Käse im Sandwich geschmolzen ist.

Kohlrabischnitzel

MIT PARMESAN-THYMIAN-KRUSTE

4 Portionen

2 Kohlrabi
2 EL Paniermehl
50 g geriebener Parmesan
100 g Mehl
2 Eier

Salz & Pfeffer
1 Prise Muskatnuss
Öl oder Butterschmalz zum Braten
Kräuter-Dip (Rezept Seite 123)

Zubereitung

1 | Kohlrabi schälen und in ca. 1 cm dicke Scheiben schneiden.

2 | Paniermehl und Parmesan in eine Schüssel geben, mit Salz, Pfeffer und Muskatnuss würzen.

3 | Mehl auf einen Teller ausbreiten.

4 | Eier in einer Schüssel aufschlagen.

5 | Kohlrabischeiben zuerst in Mehl wenden, dann in das Ei und danach in die Panade geben.

6 | Die Panade leicht andrücken.

7 | Auf der vorgeheizten Platte werden die Kohlrabischnitzel im mittleren Temperaturbereich von beiden Seiten mit reichlich Öl angeröstet und für ca. 10 Minuten gegart, dabei können die Schnitzel auch noch etwas Biss behalten.

8 | Mit etwas Salat und dem Kräuterdip anrichten und servieren.

Nussavocado
MIT KURKUMA-DIP

4 Portionen

- **4 Avocados**
- **Saft einer Zitrone**
- **3 Eier**
- **150 g Panko-Paniermehl**
- **150 g Nüsse, gehackt z. B. Haselnüsse**
- **100 g Mehl**
- **Salz & Pfeffer**
- **Öl zum Braten**

Zubereitung

1 | Die Avocados längs in Viertel schneiden und entkernen, aber nicht schälen. Mit etwas Zitronensaft beträufeln.

2 | Eier mit Salz und Pfeffer aufschlagen.

3 | Panko und Nüsse vermischen.

4 | Die Avocadoviertel zuerst mit den Schnittflächen in Mehl wenden, dann in Ei und zum Schluss in der Panade.

5 | Die Panade dabei gut andrücken.

6 | Die Feuerplatte vorheizen und die Avocados mit etwas Öl im mittleren Temperaturbereich auf den Schnittflächen braten. 4 bis 5 Minuten sollten pro Fläche reichen.

7 | Die Avocados mit dem Dip anrichten und servieren.

SCHARFE Tofuspieße

4 Portionen

600 g Tofu

3 EL BBQ Rub

8 Cocktailtomaten

scharfe Sauce, z. B. Tabasco oder Sriracha Sauce

Öl zum Braten

Zubereitung

1 | Den Tofu in vier gleichmäßig große Stücke schneiden.

2 | Mit dem Rub würzen und auf flache Holzspieße stecken, vorne und hinten jeweils eine Cocktailtomate.

3 | Etwas Öl auf die vorgeheizte Platte geben und die Spieße bei viel Hitze von allen Seiten anrösten.

4 | Nach 8 bis 10 Minuten können die Spieße mit etwas Hot Sauce verfeinert und mit etwas Brot und einem knackigen Salat serviert werden.

Zucchinipuffer
MIT MARINIERTEM FETA

4 Portionen

600 g Zucchini

150 g Cornflakes

120 ml Milch

3 Eier

Salz & Pfeffer

½ Bund Petersilie

Marinierter Fetakäse (Rezept siehe Kasten)

Öl zum Braten

Zubereitung

1 | Die Zucchini halbieren und das Kerngehäuse mit einem Löffel entfernen.

2 | Mit einer Küchenreibe grob in eine Schüssel reiben und mit etwas Salz würzen.

3 | Für 20 Minuten ziehen lassen, durch ein Sieb geben, abtropfen lassen und mit einem sauberen Küchentuch ausdrücken.

4 | In der Zwischenzeit die Cornflakes in eine Schüssel geben, die Milch erwärmen und dazugeben.

5 | Ca. 10 Minuten ziehen lassen und dann zu den Zucchini geben.

6 | Eier aufschlagen und mit in die Schüssel geben.

7 | Petersilie fein hacken und hinzufügen.

8 | Mit Salz und Pfeffer würzen und alles gut miteinander vermengen.

9 | Zu Puffern formen und auf der heißen Platte mit Öl von beiden Seiten knusprig braten.

10 | Auf Küchenkrepp kurz abtropfen lassen und als Beilage oder mit dem Feta servieren.

MARINIERTER FETA

ZUTATEN

400 g Feta

50 ml Mayonnaise

3 EL Olivenöl

1 Bund gemischter Kräuter, z. B. Petersilie, Basilikum, Dill oder Koriander

Salz & Pfeffer

1 | Mayonnaise und Olivenöl in eine Schüssel geben.

2 | Die Kräuter, Chili und Knoblauch fein hacken und dazugeben.

3 | Alles gut miteinander vermischen.

4 | Den Feta in mundgerechte Würfel schneiden, in die Schüssel geben und vorsichtig unterrühren.

Veggie-Bagel

4 Portionen

4 Bagel	**1 große rote oder gelbe Paprikaschote**
2 Eier	**Mayonnaise**
50 g Cheddar, gerieben	**1 große Tomate**
¼ Bund Petersilie	**einige Salatblätter**
2 Lauchzwiebeln	**Salz & Pfeffer**
1 Chilischote	**Öl zum Braten**

Zubereitung

1 | Eier aufschlagen und in eine Schüssel geben.

2 | Cheddar und gehackte Petersilie dazugeben, ebenso die feine Ringe geschnittenen Lauchzwiebeln und Chilischote. Mit Salz und Pfeffer würzen.

3 | Die Paprikaschote in vier gleichmäßig dicke Ringe schneiden.

4 | Die Ringe mit etwas Öl bei mittlerer Temperatur von einer Seite ca. 2 Minuten anrösten.

5 | Dann die Eimischung in die vier Ringe geben und für ein paar Minuten stocken lassen, dabei sollte die Platte nicht zu heiß sein.

6 | Mit einer Garhaube abdecken beschleunigt das Ganze.

7 | Nach 7 bis 10 Minuten können die Ringe vorsichtig gedreht werden. Danach wieder in einem Bereich mit mittlerer Hitze platzieren.

8 | In der Zwischenzeit die Bagel aufschneiden, die Schnittflächen mit Mayo bestreichen und auf der Platte anrösten, dann im Randbereich warmhalten. Tomate in Scheiben schneiden.

9 | Nach ca. 15 Minuten gesamt sollten die Paprika-Ei-Ringe fertig sein und die Bagel können zusammengesetzt werden.

10 | Zuerst Salat und Tomate auflegen, dann den Paprika-Ei-Ring.

Kürbis
MIT RICOTTA UND MANDELN

4 Portionen

1 Kürbis ca. 1,2 kg, z. B. Hokkaido oder Butternut

Cajun BBQ Rub (Rezept Seite 126)

200 ml Ricotta

100 ml Joghurt, 10 %

Saft einer Limette

Salz & Pfeffer

50 g Mandelblättchen

Öl zum Braten

Zubereitung

1 | Den Kürbis waschen und in ca. 1,5 cm dicke Spalten schneiden.

2 | Rundherum mit dem Cajun Rub würzen und für ca. 15 Minuten stehen lassen.

3 | Auf der vorgeheizten Platte im mittleren Temperaturbereich von beiden Seiten mit etwas Öl anrösten und garen, dabei mehrmals wenden.

4 | In der Zwischenzeit Ricotta mit Joghurt vermischen und mit Limettensaft, Salz und Pfeffer abschmecken.

5 | Die Mandelblättchen ohne Öl auf der heißen Platte kurz anrösten.

6 | Nach ca. 10 Minuten sollte der Kürbis weich und fertig zum Servieren sein.

7 | Mit etwas Ricottacreme anrichten und mit den Mandeln dekorieren.

Birne
MIT RICOTTA

4 Portionen

4 große Birnen
50 g Mandelblättchen
200 g Ricotta
100 g Joghurt, 3,5 %
2 EL Ahornsirup
Saft einer Limette
Salz
frische Minze zum Dekorieren
Öl zum Braten

Zubereitung

1 | Die Birnen vierteln, entkernen und schälen.

2 | Mit etwas Öl auf der vorgeheizten Platte leicht anrösten und für ca. 10 Minuten garen, dabei die Birnen häufig drehen und wenden.

3 | Die Mandelblättchen ohne Öl auf der Platte anrösten, dann runternehmen und bereithalten.

4 | In der Zwischenzeit Ricotta und Joghurt in eine Schüssel geben, eine kleine Prise Salz, Ahornsirup und Limettensaft hinzufügen und alles gut miteinander vermengen.

5 | Nach eigenem Gusto abschmecken.

6 | Die Birnen heiß mit der Creme anrichten, die Mandelblättchen darüberstreuen, mit Minze dekorieren und servieren.

Pancakes mit Joghurt
UND DATTELSIRUP

4 Portionen

400 ml Buttermilch	**2 Päckchen Backpulver**
50 g Butter, geschmolzen	**1 Päckchen Vanillezucker**
2 Eier	**1 Prise Salz**
1 Eigelb	**Joghurt, 10 %**
240 g Mehl, Type 405	**Dattelsirup (oder Rübenkraut, Ahornsirup, Honig)**
60 g brauner Zucker	

Zubereitung

1 | Butter in einem Topf schmelzen und beiseitestellen.

2 | Buttermilch, Eier und Eigelb in einer Schüssel miteinander verquirlen.

3 | Mehl, Zucker, Vanillezucker, Backpulver und Salz miteinander vermengen und die Buttermilch-Ei-Mischung dazugeben.

4 | Die Butter hinzufügen und alles gut miteinander verrühren.

5 | Den Teig für mindestens 20 Minuten ruhen lassen und dann noch einmal gut verrühren.

6 | Die Platte vorheizen und etwas Öl darauf verteilen.

7 | Pro Pancake zwei bis drei Esslöffel Teig auf die Platte geben.

8 | Wenn sich auf der Oberfläche kleine Bläschen bilden, können die Pancakes gewendet und fertig gebacken werden.

9 | Die Pancakes mit einem Klecks Joghurt und Sirup anrichten und servieren.

Glutananas

Sehr einfaches Rezept – es eignet sich perfekt zum Ausklang des Menüs.

4 Portionen

1 Ananas

Vanilleeis- oder Sauce als Beilage

Frische Beeren zur Dekoration

Zubereitung

1 | In der Feuerplatte ein ausreichend großes Glutbett erzeugen und die Ananas ungeschält einfach darauf ablegen.

2 | Alle 5 bis 10 Minuten drehen, damit die Ananas gleichmäßig gegart wird.

3 | Die Schale sollte später rundherum schwarz angebrannt sein.

4 | Das Fruchtfleisch gart so im eigenen Saft und wird dadurch herrlich süß und geschmackvoll.

5 | Nach ca. 45 Minuten kann die Ananas aus der Glut und vorsichtig geschält werden, dabei aufpassen, sie ist echt heiß.

6 | In Portionen schneiden und den Strunk entfernen.

7 | Mit Vanilleeis oder Vanillesauce servieren und mit Beeren dekorieren.

Tipp

Man kann das ausgelöste Fruchtfleisch auch gut auf der Platte karamellisieren und/oder flambieren.

STEAKS · KOTELETTS UND CO.

Pluma Ibérico
MIT ZARTWEIZEN

4 Portionen

600 bis 800 g Pluma Ibérico, ein besonders zartes Stück aus dem Rücken der iberischen Schweine

600 g Zartweizen, vorgekocht (z. B. Ebly)

300 g bunte Paprikaschoten

3 Lauchzwiebeln

2 Knoblauchzehen

1 Chilischote

Salz & Pfeffer

Öl zum Braten

Zubereitung

1 | Das Pluma von allen Seiten leicht salzen und für ca. 15 Minuten ziehen lassen.

2 | Auf der Platte mit viel Hitze von allen Seiten anrösten, dann in einen weniger heißen Bereich ziehen und dort zu Ende garen, dabei mehrmals wenden, um eine gleichmäßige Garung zu erreichen.

3 | Die Kerntemperatur sollte bei 58 bis 62 °C liegen.

4 | In der Zwischenzeit den Zartweizen auf der Platte mit etwas Öl anrösten.

5 | Das Gemüse in kleine Stücke schneiden und dazugeben.

6 | Mit Salz und Pfeffer würzen und abschmecken.

7 | Das Pluma vor dem Anschneiden kurz ruhen lassen, dann in Tranchen schneiden und mit Salz und Pfeffer würzen.

Bauchfleisch VOM SPIESS

4 Portionen

ca. 1 kg Bauchfleisch ohne Knochen

4 EL BBQ Rub für Schwein

BBQ Sauce

Zubereitung

1 | Das Bauchfleisch in gleichmäßig große Portionen, bzw. Würfel schneiden.

2 | Mit einem scharfen Messer die Schwarte dekorativ ca. 5 mm tief einschneiden und salzen.

3 | Die Stücke von allen Seiten mit dem Rub würzen, nur die Schwarte dabei auslassen.

4 | Längs auf große Spieße stecken.

5 | Die Feuerplatte anheizen und eine Vorrichtung zur Aufnahme der Spieße aufsetzen, zwei Holzscheite funktionieren auch sehr gut als Auflage.

6 | Die Spieße seitlich vom Feuer platzieren, und das Fleisch langsam garen, dabei mehrmals drehen.

7 | Zum Schluss die Schwarte mit mehr Hitze knusprig grillen, damit eine schöne Kruste entsteht.

8 | Vom Spieß nehmen und mit einem frischen Salat, Brot und der BBQ Sauce servieren.

GLASIERTER Schweinebauch

4 Portionen

4 Scheiben Bauchfleisch, ca. 1,5 cm dick

4 EL Mayonnaise

3 EL BBQ Rub für Schweinefleisch

120 ml BBQ Sauce

30 ml Ahornsirup

1 EL Hot Sauce

Zubereitung

1 | Das Bauchfleisch von beiden Seiten dünn mit der Mayonnaise bestreichen und mit dem BBQ Rub würzen.

2 | Kurz und knackig bei hoher Hitze auf der Platte anrösten und dann in den weniger heißen Randbereich ziehen.

3 | Dort bei mehrmaligem Wenden ca. 15 Minuten sanft garen.

4 | In der Zwischenzeit BBQ Sauce, Ahornsirup und Hot Sauce vermischen und nach eigenem Geschmack abschmecken, ich persönlich mag es gerne sehr süß und gleichzeitig sehr scharf.

5 | Wenn das Fleisch gar ist, die erste Seite mit der Saucenmischung bestreichen, umdrehen und die zweite Seite bestreichen.

6 | Beide Seiten auf der Platte karamellisieren.

7 | Schmeckt zum Beispiel mit Coleslaw und Brot.

Steaks vom Bauchfleisch

MIT GLASIERTEN SILBERZWIEBELN

4 Portionen

800 bis 1000 g Bauchfleisch am Stück
1 rote Spitzpaprika
2 Lauchzwiebeln
1 Knoblauchzehe
1 Chilischote
1 Glas Silberzwiebeln
100 ml Schwarz- oder Malzbier
50 ml Rübenkraut
Salz & Pfeffer

Zubereitung

1 | Feuerplatte vorheizen. Bauchfleisch in ca. 3 cm dicke Steaks schneiden und rundherum mit etwas Salz würzen.

2 | Eine geeignete kleine Pfanne auf der Platte vorheizen.

3 | In der Zwischenzeit Lauchzwiebeln, Knoblauch und Chilischote in feine Stücke schneiden. Spitzpaprika in schmale Ringe schneiden. Silberzwiebeln abgießen.

4 | Das Bauchfleisch bei mittlerer Hitze anbraten und garen, dabei mehrfach wenden.

5 | Das geschnittene Gemüse in der Pfanne mit etwas Öl anbraten, nach ein paar Minuten die Silberzwiebeln dazugeben und mitrösten.

6 | Dann mit dem Bier ablöschen, das Rübenkraut dazugeben und gut verrühren. In einem weniger heißen Bereich der Platte langsam einkochen und vor dem Servieren mit Salz und Pfeffer abschmecken, eventuell noch etwas Rübenkraut dazugeben.

7 | Das fertig gebratene Bauchfleisch mit etwas frisch gemahlenem Pfeffer würzen und mit den Silberzwiebeln anrichten. Ein frischer Salat und etwas Brot sind hier die idealen Begleiter.

Kachelfleisch
MIT AUSTERNPILZEN

4 Portionen

800 g Kachelfleisch vom Schwein (auch Spider- oder Fledermaussteak genannt)

800 g Austernpilze

1 Knoblauchzehe

1 milde Chilischote

½ Bund Petersilie

Salz & Pfeffer

Saft einer viertel Zitrone

Öl zum Braten

Zubereitung

1 | Das Kachelfleisch trocken tupfen und rundherum leicht salzen.

2 | Austernpilze in mundgerechte Stücke schneiden oder zupfen.

3 | Knoblauch, Chilischote und Petersilie fein hacken.

4 | Etwas Öl auf die vorgeheizte Platte geben und das Kachelfleisch von beiden Seiten scharf anrösten und dann im Randbereich bei wenig Hitze garziehen.

5 | Das Fleisch ist ein Kurzbratstück und deshalb sollte die Kerntemperatur zum Schluss bei 58 bis 60 °C liegen.

6 | Die Austernpilze ohne Öl kurz anrösten, dann Chili und Knoblauch dazugeben.

7 | Jetzt etwas Öl hinzufügen und mit Salz und Pfeffer würzen.

8 | Die Pilze in den weniger heißen Bereich ziehen und mit Zitronensaft und Petersilie verfeinern.

Kotelett

MIT BOHNEN UND SPECK

4 Portionen

4 Koteletts mit Knochen
600 g grüne Bohnen
100 g Schinkenspeck, gewürfelt
1 mittelgroße Zwiebel
1 Knoblauchzehe

1 EL Bohnenkraut
Salz & Pfeffer
30 g Butter
Öl

Zubereitung

1 | Die Bohnen putzen und 5 Minuten in kochendem Wasser blanchieren. Abtropfen und abkühlen lassen.

2 | Zwiebel in kleine Würfel schneiden, Knoblauch fein hacken.

3 | Feuerplatte vorheizen und die Koteletts bei viel Hitze von beiden Seite anrösten.

4 | Dann in den Randbereich ziehen und dort bei weniger Hitze garziehen, dabei mehrfach wenden.

5 | Über der starken Hitze Speck, Knoblauch und Zwiebeln mit etwas Öl anrösten.

6 | Nach ein paar Minuten die Bohnen dazugeben und miträsten.

7 | Ebenfalls in den Randbereich ziehen und dort die Butter hinzufügen, außerdem mit Salz, Pfeffer und Bohnenkraut würzen.

8 | Gut miteinander vermengen und ab und zu drehen und wenden.

9 | Dort warmhalten, bis die Koteletts bei einer Kerntemperatur von ca. 60 °C fertig sind.

10 | Anrichten und die Koteletts mit Salz und frisch gestoßenem Pfeffer würzen.

Kotelett
MIT ROSENKOHLSPIESSEN

4 Portionen

4 Schweinekoteletts mit Knochen

400 g Rosenkohl

200 ml Portwein

1 Knoblauchzehe

1 Chilischote

Salz & Pfeffer

Zubereitung

1 | Den Rosenkohl putzen und die Strünke ca. 1 cm tief einschneiden.

2 | Portwein in eine Schüssel geben, Knoblauch und Chilischote fein hacken und dazugeben.

3 | Mit Salz und Pfeffer würzen und alles gut durchmischen.

4 | Im Kühlschrank für ca. 4 Stunden (gerne auch länger) ziehen lassen.

5 | Den Rosenkohl aus der Marinade nehmen und auf Spieße stecken.

6 | Die restliche Marinade in einem kleinen Topf erhitzen und leicht einkochen.

7 | Die Koteletts bei hoher Hitze von beiden Seiten scharf anrösten und dann im weniger heißen Bereich bis zu einer Kerntemperatur von ca. 58 bis 60 °C ziehen lassen, dabei mehrmals wenden.

8 | In der Zwischenzeit die Spieße bei mittlerer Temperatur mit etwas Öl von allen Seiten anrösten und garen.

9 | Da der Rosenkohl nicht vorgekocht ist, kann das 20 Minuten dauern. Zwischendurch die Spieße mit der Portweinreduktion bepinseln.

Schweinerücken
MIT SÜSS-SCHARFER PAPRIKA

4 Portionen

4 Steaks vom Schweinerücken, ca. 4 cm. dick

4 EL BBQ Rub für Schwein

4 bunte Paprikaschoten

3 Chilischoten

2 Knoblauchzehen

6 EL Honig oder Ahornsirup

Salz & Pfeffer

Zubereitung

1 | Die Steaks von allen Seiten mit dem Rub würzen und im Kühlschrank für ca. 15 Minuten ziehen lassen.

2 | In der Zwischenzeit die Paprika in mundgerechte Stücke, Chili und Knoblauch in feine Stücke, bzw. Ringe schneiden.

3 | Die Steaks mit viel Hitze zuerst von allen Seiten scharf anrösten, dann im weniger heißen Randbereich garziehen, dabei mehrfach wenden, das dauert je nach Hitze ca. 15 bis 20 Minuten.

4 | Die Paprika benötigen nur 5 Minuten bei viel Hitze. Dafür zuerst die Paprikastücke scharf anrösten und mehrfach wenden.

5 | Dann Knoblauch und Chili dazugeben und kurz mitrösten.

6 | In den Randbereich ziehen und den Honig darübergeben.

7 | Mit Salz und Pfeffer würzen und abschmecken.

8 | Auf Tellern anrichten und mit einem knackigen Salat servieren.

Schweinesteak
MIT RADICCHIO UND BIRNE

4 Portionen

4 Schweinesteaks à 200 g

1 Kopf Radicchio

2 Birnen

Salz & Pfeffer

Öl zum Braten

Zubereitung

1 | Steaks von beiden Seiten leicht salzen und für 10 Minuten ziehen lassen.

2 | Auf der heißen Platte von beiden Seiten scharf anrösten und dann im weniger heißen Bereich bis zu einer Kerntemperatur von ca. 58 °C ziehen lassen.

3 | In der Zwischenzeit Radicchio und Birnen putzen und in mundgerechte Stücke schneiden.

4 | Mit etwas Öl auf der heißen Platte ca. 5 Minuten lang anrösten und garen, das geht relativ schnell, dabei ständig drehen und wenden.

5 | Mit Salz und Pfeffer würzen.

6 | Das Steak vor dem Anschneiden für ein paar Minuten ruhen lassen.

7 | Radicchio-Birnen-Mix auf eine Platte legen, das Steak in dünne Tranchen schneiden, auf dem Radicchio anrichten und servieren.

Pinwheel STEAK

4 Portionen

1 Flanksteak, 800 bis 900 g

100 g Babyspinat

6 Scheiben Parmaschinken

100 g Cheddar, gerieben

30 g Parmesan, gerieben

Salz & Pfeffer

Zubereitung

1 | Das Flanksteak von überschüssigem Fett und Sehnen befreien.

2 | Mit einem Schmetterlingsschnitt flach aufschneiden und aufklappen.

3 | Die Fläche leicht mit Salz und Pfeffer würzen und den geriebenen Parmesan darauf verteilen.

4 | Den Schinken auf dem Steak verteilen, dann den gewaschenen Babyspinat und den geriebenen Käse.

5 | Wie eine Roulade aufrollen und mit Spießen fixieren.

6 | Die Rolle von außen mit Salz und Pfeffer würzen.

7 | Zwischen den Spießen die Rolle zu einzelnen Steaks schneiden.

8 | Auf der heißen Platte von beiden Seiten scharf anrösten und im weniger heißen Bereich bis zu einer Kerntemperatur von ca. 55 °C ziehen lassen.

9 | Dazu passen ein paar geröstete Kartoffelecken oder kleine Maiskolben.

Steaksandwich

4 Portionen

1 Rib Eye oder Rumpsteak, ca. 500 g	Mayonnaise
einige Salatblätter	Senf
2 große Tomaten	200 g Blauschimmelkäse in Scheiben
2 Gewürzgurken	Salz & Pfeffer
1 Baguette oder Ciabatta	Öl zum Braten

Zubereitung

1 | Das Steak mit Salz würzen und auf der heißen Platte von beiden Seiten scharf anrösten.

2 | Dann in den weniger heißen Randbereich legen und dort bis zu einer Kerntemperatur von ca. 54 °C ziehen lassen, dabei mehrfach wenden.

3 | In der Zwischenzeit den Salat waschen und abtrocknen.

4 | Tomaten und Gurken in dünne Scheiben schneiden.

5 | Das Brot aufschneiden und die Schnittflächen dünn mit Mayonnaise bestreichen.

6 | Die Schnittflächen auf der heißen Platte leicht anrösten und das Brot im Randbereich warmhalten.

7 | Das fertige Steak in dünne Tranchen schneiden.

8 | Die untere Hälfte des Brotes mit etwas Senf bestreichen, Salat, Käse und Tomaten darauf verteilen.

9 | Steak und Gurkenscheiben auflegen und mit wenig Senf abschließen. Deckel auflegen und in Portionen schneiden.

Rindenfilet mit Spätzle

UND GESCHMORTEN ZWIEBELN

4 Portionen

4 Filetsteaks vom Rind

600 g fertig gegarte Spätzle

2 große Zwiebeln

50 g Butter

Salz & Pfeffer

Öl zum Braten

Zubereitung

1 | Die Steaks auf der heißen Platte mit etwas Öl scharf anrösten, dann in den Randbereich der Platte ziehen, und dort bis zu einer Kerntemperatur von ca. 54 °C ziehen lassen, dabei mehrfach wenden.

2 | In der Zwischenzeit die Zwiebeln in Ringe schneiden und auf der Platte mit etwas Öl anschwitzen und garen. Im Randbereich der Platte warmhalten.

3 | Die Spätzle ebenfalls mit etwas Öl auf der Platte erhitzen, das dauert nur ein paar Minuten, und kurz vor dem Servieren die Butter dazugeben, schmelzen und untermischen.

4 | Mit Salz und Pfeffer abschmecken.

Skirtsteak

MIT SPARGEL UND PAPRIKA

4 Portionen

ca. 800 g Skirtsteak

400 g grüner Spargel

2 rote Spitzpaprika

50 g Mandelblättchen

100 ml Hoisin Sauce

Salz & Pfeffer

Öl zum Braten

Zubereitung

1 | Das Skirtsteak von überschüssigem Fett und Sehnen befreien.

2 | Spargel putzen und längs halbieren. Paprika putzen und in Ringe schneiden.

3 | Das Steak auf der heißen Platte mit viel Hitze anrösten und dann im weniger heißen Randbereich bis zu einer Kerntemperatur von 52 bis 54 °C ziehen lassen.

4 | Gleichzeitig können Spargel und Paprika auf der Platte bei mittlerer Hitze mit etwas Öl 5 Minuten gebraten werden.

5 | Die Mandelblättchen ohne Öl leicht anrösten und bereithalten.

6 | Vor dem Anrichten die Hoisin Sauce über Spargel und Paprika geben und für eine Minute erhitzen, dabei das Gemüse in der Sauce drehen und wenden.

7 | Spargel-Paprika-Mix auf einer großen Platte anrichten, das Steak quer zur Faser in dünne Scheiben schneiden und auflegen.

8 | Die Mandeln darüber verteilen und mit zusätzlicher Hoisin Sauce servieren.

T-Bone Steak

MIT PILZPFANNE

4 Portionen

- **1 T-Bone Steak, ca. 1 kg**
- **600 g gemischte Pilze**
- **1 große Zwiebel**
- **3 Lauchzwiebeln**
- **300 g bunte Paprika**
- **2 Knoblauchzehen**
- **1 Chilischote**
- **Saft einer Zitrone**
- **½ Bund Petersilie**
- **Salz & Pfeffer**
- **Öl zum Braten**

Zubereitung

1 | Die Platte vorheizen und das Steak von beiden Seiten scharf anrösten, dann in den weniger heißen Bereich legen und dort bis zu einer Kerntemperatur von ca. 54 °C ziehen lassen.

2 | In der Zwischenzeit Pilze und Gemüse putzen und in mundgerechte Stücke schneiden, Chili und Knoblauch fein hacken.

3 | Die Mischung auf der heißen Platte zuerst ohne Öl kurz anrösten, dann etwas Öl hinzufügen.

4 | Knoblauch und Chili dazugeben und mit Salz und Pfeffer würzen.

5 | Gut miteinander vermengen und alles für ca. 5 Minuten garen.

6 | In den Randbereich der Platte schieben, Petersilie und Zitronensaft dazugeben und abschmecken.

7 | Das Steak zum Servieren vor den Gästen vom Knochen lösen und in dünne Scheiben schneiden.

Steak
MIT SPICY ROSENKOHL

4 Portionen

4 Steaks à 200 g, wahlweise vom Rind oder Schwein

800 g Rosenkohl

1 Zwiebel

2 Chilischoten

1 Knoblauchzehe

Salz & Pfeffer

30 g Butter

Öl zum Braten

Zubereitung

1 | Den Rosenkohl putzen und in dünne Scheiben schneiden.

2 | Zwiebel vierteln und in dünne Scheiben schneiden.

3 | Knoblauch fein hacken, Chilischote in feine Ringe schneiden.

4 | Die Feuerplatte vorheizen und die Steaks von beiden Seiten scharf anrösten.

5 | Die Steaks dann in den weniger heißen Bereich legen und dort zu Ende garen, dabei mehrmals wenden.

6 | In der Zwischenzeit Zwiebeln und Knoblauch mit etwas Öl anrösten.

7 | Den Rosenkohl und Chili dazugeben und mit anrösten.

8 | Nach ein paar Minuten in den Randbereich der Platte ziehen und mit Salz und Pfeffer würzen.

9 | Kurz vor dem Servieren abschmecken, die Butter hinzufügen, schmelzen lassen und untermischen.

Wienen Schnitzel

4 Portionen

4 dünne Kalbsschnitzel

100 g Mehl

2 Eier

Panko-Paniermehl (nicht klassisch, wird aber knuspriger)

Salz & Pfeffer

Butterschmalz zum Ausbacken

Zitronenscheiben und Petersilie zum Garnieren

Zubereitung

1 | Die Feuerplatte vorheizen, eine Auflage für einen Wok schaffen (Krone) oder einfach einen Topf auf die Platte stellen.

2 | Ausreichend, aber höchstens zu einem Drittel der Höhe Butterschmalz oder Frittieröl hineingeben und auf ca. 180 bis 190 °C erhitzen. Wir arbeiten hier mit offenem Feuer und heißem Fett, also besonders vorsichtig sein.

3 | In der Zwischenzeit die Schnitzel mit Salz und Pfeffer würzen.

4 | Dann zuerst in Mehl wenden, den Überschuss abklopfen.

5 | Danach in das verquirlte EI geben und darin wenden, bis überall Ei haftet.

6 | Jetzt in das Panko geben und leicht andrücken, bis das Schnitzel rundherum damit paniert ist.

7 | Nicht zu lange im Voraus vorbereiten, sonst kann es pappig werden.

8 | Die Schnitzel in das heiße Fett geben, aber nicht alle auf einmal, sonst sinkt die Temperatur zu stark ab.

9 | Wenn die Panade eine schöne gold-braune Farbe hat, das dauert nur ein paar Minuten, können die Schnitzel zum Abtrocknen auf einem Küchenkrepp abgelegt werden.

10 | Mit Zitrone und Petersilie garnieren und mit Kartoffelsalat servieren, Pommes Frites passen natürlich auch hervorragend.

Lammkotelett
MIT JOGHURT-DIP

4 Portionen

800 bis 1000 g Lammkarree

3 EL Olivenöl

1 TL Salz

½ TL Pfeffer

1 TL Knoblauch gerieben

Joghurt-Dip (Rezept Seite 122)

Zubereitung

1 | Das Karree mit kaltem, klarem Wasser abspülen und trockentupfen.

2 | Öl mit Knoblauch. Salz und Pfeffer mischen und das Karree damit bestreichen.

3 | Für 4 Stunden im Kühlschrank marinieren.

4 | Platte vorheizen und ein Grillgitter auflegen.

5 | Feuer nur auf einer Seite der Platte positionieren, damit man nicht nur direkte Hitze unter dem Rost hat.

6 | Das Karree auf dem Gitter bei direkter Hitze von allen Seiten anrösten.

7 | Dann in den indirekten Bereich des Gitters legen und dort bis zu einer Kerntemperatut von 55 °C. ziehen lassen, dabei mehrfach drehen und wenden.

8 | Vor dem Servieren für 5 Minuten ruhen lassen und zum Anrichten in einzelne Koteletts schneiden.

9 | Dazu passt sehr gut Couscous und ein Joghurt-Dip mit Minze und Limettenschale.

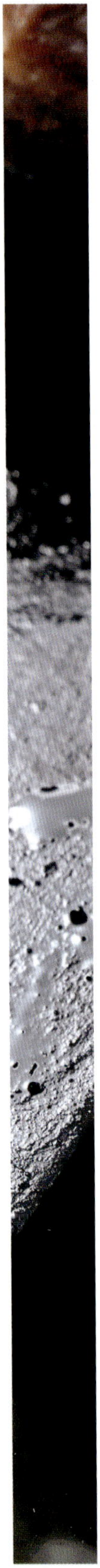

Lammkotelett MIT KARTOFFELPUFFER

4 Portionen

4 doppelte Koteletts vom Lamm (dick geschnitten mit jeweils 2 Knochen)

3 EL Olivenöl

1 TL Salz

½ TL Pfeffer

1 Knoblauchzehe, fein gerieben

1 TL Paprika, scharf

Kartoffelpuffer (Rezept Seite 71)

Kräuter-Dip (Rezept Seite 123)

Zubereitung

1 | Das Olivenöl mit dem geriebenen Knoblauch, Salz, Pfeffer und Paprika in eine Schüssel geben und gut miteinander vermischen.

2 | Die Koteletts damit bestreichen und für ca. 4 Stunden im Kühlschrank marinieren.

3 | Die Platte vorbereiten und die Koteletts bei hoher Hitze von allen Seiten anrösten und im weniger heißen Randbereich der Platte bis zu einer Kerntemperatur von ca. 58 °C ziehen.

4 | Vor dem Servieren kurz ruhen lassen.

5 | Mittig aufschneiden und mit etwas Kräuterdip auf Kartoffelpuffern anrichten.

6 | Nach Belieben mit ein paar geschmorten Zwiebeln dekorieren und servieren.

KARTOFFELPUFFER

ZUTATEN FÜR 4 PERSONEN:

ca. 800 g Kartoffeln, vorwiegend festkochend

2 Eier

1 Zwiebel

2 EL Salz

1 Prise Muskatnuss

3 EL Mehl

Öl oder Butterschmalz zum Braten

1 | Die Kartoffeln schälen, waschen, über eine mittelfeine Reibe ziehen und für 30 Minuten in kaltes Wasser legen.

2 | Durch ein Seib schütten und die restliche Feuchtigkeit mit einem sauberen Tuch ausdrücken.

3 | In eine Schüssel geben, die Zwiebel schälen, grob reiben und dazugeben.

4 | Mehl hinzufügen und mit Salz, Pfeffer, Paprika und Muskatnuss würzen.

5 | Alles gut miteinander vermengen und die einzelnen Puffer auf der heißen Platte mit Öl oder Butterschmalz von beiden Seiten ausbacken.

BURGER · WURST UND CO.

Breakfast Burger

4 Portionen

4 Rindfleischpatties à 150 g

8 Scheiben Bacon

4 Burger Buns

Salatblätter

1 große Tomate

4 Eier

Senf, Ketchup, Mayo

Zubereitung

1 | Patties und Bacon auf der Platte anrösten und im Randbereich fertig garen, eventuell warmhalten.

2 | In der Zwischenzeit die Tomate in Scheiben schneiden und mit dem Salat bereithalten.

3 | Die Buns aufschneiden und die Schnittflächen mit Mayo bestreichen.

4 | Die Buns auf den Schnittflächen anrösten und warmhalten.

5 | Die Eier einzeln zu Spiegeleiern braten, ob gedreht oder nicht, kann jeder machen, wie er das gerne mag.

6 | Den Burger klassisch zusammenbauen: Bun – Salat – Tomate – Fleisch – Bacon – Spiegelei – Senf/Ketchup/Mayo – Bun

ZWIEBEL-PAPRIKA Hot Dog

4 Portionen

- 4 dünne Würstchen, grob oder fein
- 4 Hot Dog Buns
- 1 große Metzgerzwiebel
- 2 rote Spitzpaprika
- 1 EL Sojasauce
- 4 Blätter Salat
- 2 EL Öl
- Mayonnaise
- Senf oder Ketchup

Zubereitung

1 | Die Feuerplatte auf mittlere Hitze vorheizen.

2 | In der Zwischenzeit Zwiebeln und Spitzpaprika putzen und in feine Streifen schneiden.

3 | Die Würstchen auflegen und braten, dabei mehrmals drehen.

4 | Gleichzeitig etwas Öl auf eine andere Stelle der Platte geben und Zwiebeln und Paprika anschwitzen.

5 | Zwiebeln und Paprika häufig wenden, damit nichts anbrennt.

6 | Nach ein paar Minuten mit der Sojasauce ablöschen und in einem weniger heißen Bereich der Platte ziehen lassen.

7 | Die Buns einschneiden und aufklappen.

8 | Die Innenseiten mit Mayo bestreichen und auf der Platte kurz anrösten.

9 | Die Buns zuerst mit etwas Salat belegen, dann kommen die Würstchen und die Zwiebel-Paprikamischung dazu. Zum Schluss etwas Senf oder Ketchup darübergeben und genießen.

Blutwurst
MIT APFEL-SAUERKRAUT

4 Portionen

600 g Blutwurst
1 große Zwiebel
2 Äpfel, süß-sauer, z. B. Elstar
600 g Weinsauerkraut, abgetropft
20 ml Rübenkraut
Salz & Pfeffer
Mehl
Öl zum Braten

Zubereitung

1 | Zwiebel schälen und in halbe Ringe schneiden.

2 | Äpfel vierteln, schälen, entkernen und dann in schmale Spalten schneiden.

3 | Feuerplatte vorheizen und die Zwiebeln mit etwas Öl anschwitzen.

4 | Sauerkraut und Äpfel dazugeben, alles gut miteinander vermengen und ca. 20 Minuten bei mittlerer Hitze braten.

5 | Rübenkraut hinzufügen, unterrühren und mit Salz und Pfeffer abschmecken.

6 | Zwischendurch die Blutwurst in Stücke schneiden und die Schnittflächen dünn mit Mehl bestäuben.

7 | Auf der heißen Platte mit etwas Öl kräftig anrösten und ca. 5 bis 10 Minuten braten, bis beide Seiten schön knusprig sind.

8 | Sauerkraut auf Teller geben und die Blutwurst darauf anrichten.

Bacon-Zwiebelringe

4 Portionen

3 große Metzgerzwiebeln

ca. 20 Scheiben Bacon

100 ml BBQ Sauce

1 EL Hot Sauce

Zubereitung

1 | Die Zwiebeln schälen und in ca. 1,5 cm dicke Scheiben schneiden.

2 | Die äußeren 2 oder 3 Ringe ablösen und diesen Ring mit jeweils 2 Scheiben Bacon umwickeln.

3 | So fortfahren, bis die Zwiebeln verbraucht sind.

4 | BBQ Sauce mit der Hot Sauce mischen.

5 | Die Ringe auf der vorgeheizten Platte bei mittlerer Temperatur von beiden Seiten insgesamt ca. 12 bis 15 Minuten garen, bis der Bacon knusprig ist, und die Zwiebeln weich sind.

6 | Die Ringe dann mit der Saucenmischung bepinseln und für weitere 5 Minuten garen, damit die Sauce etwas karamellisiert.

7 | Ein leckerer Snack oder eine Beilage, passt aber auch als Topping für Burger und Sandwiches.

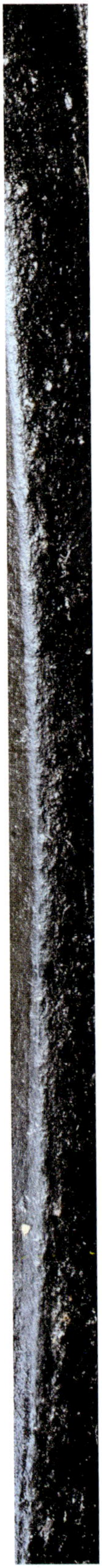

Cheeseburger
MIT RUCOLAMAYONNAISE

4 Portionen

4 Beef Patties à 150 g

4 Burger Buns

4 Scheiben Cheddar

12 Scheiben Bacon

1 große Tomate

Salatblätter z. B. Lollo Biondo

Mayonnaise

Rucolamayo (Rezept Seite 123)

Zubereitung

1 | Beef Patties auf der heißen Platte scharf angrillen und dann in den weniger heißen Bereich ziehen.

2 | Jeweils eine Scheibe Käse auflegen, mit einer Garhaube abdecken und für 5 bis 8 Minuten garen, ein kleiner Spritzer Wasser unter der Haube verbessert das Ergebnis, muss aber nicht unbedingt sein.

3 | In der Zwischenzeit den Bacon knusprig braten, die Tomate in Scheiben schneiden und den Salat waschen und zupfen.

4 | Die Buns aufschneiden, die Schnittflächen dünn mit Mayo bestreichen und auf der Platte leicht anrösten.

5 | Burger zusammenbauen: Bun – Salat – Tomate – Pattie – Bacon – Rucolamayo – Bun

Cheese Sandwich
IM BACONMANTEL

4 Portionen

6 Scheiben Toast
Mayonnaise
12 Scheiben Bacon
100 g Cheddar, gerieben
100 g Bergkäse, gerieben
50 g Parmesan, gerieben
2 Gewürzgurken
1 Chilischote
Pfeffer, geschrotet

Zubereitung

1 | Die Tosastscheiben von beiden Seiten dünn mit Mayonnaise bestreichen.

2 | Den geriebenen Käse auf vier Scheiben verteilen.

3 | Gewürzgurke und Chilischote in kleine Stücke schneiden und auf dem Käse verteilen.

4 | Mit etwas Pfeffer würzen, Bacon und Käse sind schon salzig genug.

5 | Jetzt jeweils eine Scheibe Toast auf eine andere legen, dann die beiden Scheiben Toast ohne Käse als Deckel auflegen.

6 | Die beiden Toastpakete mit einem Schneidebrett beschweren und etwas flachdrücken.

7 | Dann die Pakete mit jeweils 6 Scheiben Bacon gleichmäßig umwickeln.

8 | Auf der vorgeheizten Platte bei mittlerer Hitze von allen Seiten anrösten und garen, bis der Bacon knusprig und der Käse geschmolzen ist.

9 | Die beiden Pakete teilen und servieren.

Bratwurst
MIT SMASHED POTATOES

4 Portionen

4 Bratwürstchen, grob oder fein

8 mittelgroße, mehlig kochende Kartoffeln

Salz & Pfeffer

Mayonnaise

2 rote Zwiebeln

Senf oder Ketchup für die Wurst

Zubereitung

1 | Die Kartoffeln sollten bereits am Vortag in gesalzenem Wasser vorgekocht werden.

2 | Die Kartoffeln gut waschen, aber nicht schälen.

3 | Die Feuerplatte anheizen und die Kartoffeln als Ganzes mit etwas Öl auf die Platte legen.

4 | Etwa 5 Minuten anbraten und dann flach auf die Platte pressen, damit sie eine gleichmäßige Stärke von ca. 2 cm bekommt.

5 | Das funktioniert sehr gut mit einem kleinen Topf oder einer Gusspfanne.

6 | Dann für weitere 5 Minuten braten, vorsichtig wenden und die andere Seite 5 bis 10 Minuten anrösten.

7 | In der Zwischenzeit können dann auch die Würstchen gegrillt oder gebraten werden.

8 | Die Zwiebeln in feine Ringe oder Würfel schneiden.

9 | Die Kartoffeln auf einem Teller anrichten, etwas Mayonnaise und die Zwiebelringe darübergeben.

10 | Mit der Wurst servieren und Senf und Ketchup dazu reichen.

GLASIERTE Chorizo

4 Portionen

600 g Chorizo

3 Lauchzwiebeln

1 rote Spitzpaprika

1 Chilischote

1 Knoblauchzehe

50 ml Waldhonig

Salz & Pfeffer

Öl zum Braten

Zubereitung

1 | Chorizo in mundgerechte Stücke schneiden.

2 | Paprika, Lauchzwiebeln und Chili in Ringe schneiden, Knoblauch fein hacken.

3 | Die heiße Platte leicht einölen und die Chorizo bei mittlerer Temperatur anrösten.

4 | Nach ca. 5 Minuten das geschnittene Gemüse dazugeben und alles gut miteinander vermengen.

5 | Nach weiteren 5 Minuten den Honig darübergeben und unterrühren, dann schnell anrichten.

6 | Sehr gut passt die Chorizo auf einem Blattsalat mit Orangendressing und etwas Brot dazu.

Maultaschen
IM BACONMANTEL

4 Portionen

8 Maultaschen

24 Scheiben Bacon

200 ml Aioli

1 Gewürzgurke

1 Chilischote

1 kleine rote Zwiebel

Zubereitung

1 | Die Maultaschen mit jeweils 3 Scheiben Bacon umwickeln und auf der Platte von beiden Seiten anrösten.

2 | Danach in den weniger heißen Bereich der Platte legen und dort für ca. 10 Minuten garen, bis der Bacon knusprig, und die Maultaschen heiß sind.

3 | In der Zwischenzeit Gurke, Zwiebel und Chili in feine Stücke schneiden und zur Aioli geben.

4 | Gut miteinander vermengen und zu den Maultaschen servieren.

Cevapcici
MIT AJVAR

4 Portionen

800 g Hackfleisch (z. B. Rind- und Lammfleisch)
3 Knoblauchzehen
1 Zwiebel
2 EL Olivenöl
3 EL Paprika, scharf
1 EL Majoran
1 EL Bohnenkraut
¼ Bund Petersilie, gehackt
½ Chilipulver
1 TL Natron
Salz & Pfeffer

Zubereitung

1 | Zwiebeln und Knoblauch in eine Schüssel reiben, eine feine Reibe dafür verwenden.

2 | Die restlichen Zutaten dazugeben und alles gut miteinander vermengen, dann ca. 5 Minuten lang durchkneten.

3 | Für ca. 4 Stunden im Kühlschrank ziehen lassen.

4 | Kleine, gleichmäßig dicke Röllchen daraus formen und abgedeckt für weitere 30 Minuten im Kühlschrank ruhen lassen.

5 | Die Feuerplatte anheizen und die Cevapcici mit etwas Öl von allen Seiten für ca. 8 Minuten anrösten und garen.

6 | Dazu isst man klassisch Ajvar und angeröstetes, helles Brot.

GEFLÜGEL

Chicken Bowl

4 Portionen

- 4 ausgelöste Hinterkeulen (Pollo Fino)
- 2 rote Paprikaschoten
- 2 gelbe Paprikaschoten
- 4 Karotten
- 2 Zucchini
- 4 EL BBQ Rub
- 200 g Cocktailtomaten
- 1 Kopf Salat
- Salz & Pfeffer
- Olivenöl
- Saft einer Limette

Zubereitung

1 | Paprika entkernen und in Viertel schneiden, mit einem Sparschäler die feste Außenhaut abschälen.

2 | Karotten und Zucchini putzen und längs in dünne Scheiben schneiden.

3 | Das Fleisch von allen Seiten mit dem BBQ Rub würzen.

4 | Fleisch auf der Platte bei hoher Hitze scharf anrösten und dann im weniger heißen Randbereich der Platte garziehen.

5 | In der Zwischenzeit das geschnittene Gemüse mit etwas Olivenöl auf der Platte anrösten und weich garen.

6 | Die Tomaten bei niedriger Hitze auf die Platte legen und leicht anrösten und erwärmen.

7 | Salat waschen und trocknen, in schmale Streifen schneiden und in die Schüsseln geben.

8 | Gemüse grob schneiden und auf den Salat geben.

9 | Tomaten ebenfalls darüber verteilen.

10 | Etwas Olivenöl und Limettensaft darübergeben und mit Salz und Pfeffer würzen.

11 | Das Fleisch von der Platte nehmen und in kleine Stücke schneiden.

12 | Auf die Schüsseln verteilen und servieren.

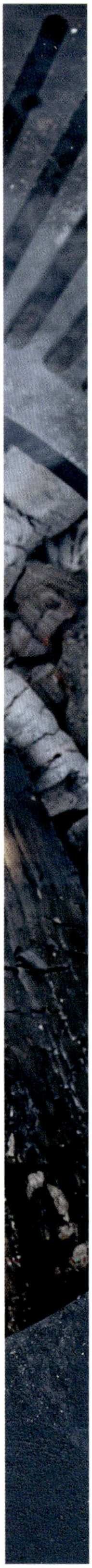

Chicken Wings
VOM SPIESS

4 Portionen

ca. 1,2 kg Chicken Wings

2 EL Mayonnaise

1 EL Hot Sauce

3 EL BBQ Rub für Chicken

Zubereitung

1 | Mayonnaise, Hot Sauce und Rub in eine große Schüssel geben und gut miteinander vermischen.

2 | Die Chicken Wings gründlich waschen und trocken tupfen.

3 | Mit in die Schüssel geben und gut vermengen, damit die Wings überall eine dünne Schicht Marinade bekommen.

4 | Abgedeckt im Kühlschrank für ca. 1 Stunde marinieren, länger geht natürlich auch, wie es gerade passt.

5 | Die Wings auf große Spieße stecken.

6 | Die Feuerplatte vorheizen und eine Vorrichtung zur Aufnahme der Spieße aussetzen, zur Not geht das auch mit 2 Holzscheiten, wie es im Bild zu sehen ist.

7 | Die Spieße seitlich von der Öffnung der Platte positionieren und die Wings bei mittlerer Hitze und unter mehrmaligen Drehen knusprig grillen, nach ca. 20 Minuten sollten sie fertig sein.

SCHNELLER Hähnchendöner

4 Portionen

600 g ausgelöste Hinterkeule (Pollo Fino)

100 ml Joghurt

4 EL Döner Gewürzmischung

1 große Tomate

1 große Zwiebel

1 Bund glatte Petersilie

200 ml Tsatsiki

1 großes Fladenbrot

Zubereitung

1 | Das Hähnchen in eine Schüssel geben, Joghurt und Gewürzmischung dazugeben und alles miteinander vermengen.

2 | Abgedeckt im Kühlschrank für ca. 4 Stunden marinieren.

3 | Feuerplatte vorheizen und das Hähnchen auf der Platte kräftig anrösten, dann in den weniger heißen Randbereich legen und dort fertig garen.

4 | Dabei sollte das Fleisch mehrfach gewendet werden und eine Kerntemperatur von mindestens 78 °C erreichen.

5 | In der Zwischenzeit die Tomaten in Stücke und die Zwiebel in halbe Ringe schneiden.

6 | Petersilie grob hacken und Tsatsiki bereitstellen.

7 | Das fertige Hähnchen von der Platte nehmen und in schmale Streifen schneiden.

8 | Fladenbrot leicht erwärmen und in Viertel schneiden.

9 | Längs einschneiden und mit den Zutaten füllen.

10 | Und dann geht’s ans Belegen: Salat – Tomaten – Fleisch – Tsatsiki – Zwiebeln – Petersilie

Hähnchenspieße
MIT ERDNUSSSAUCE

4 Portionen

- 600 g Hähnchenbrustfilet
- 1 Zwiebel
- 2 Knoblauchzehen
- 1 Chilischote
- 3 EL Pflanzenöl
- 2 EL Sojasauce
- 1 EL Koriandersaat, geschrotet
- 1 EL brauner Zucker
- 1 TL Kurkuma
- 1 TL Pfeffer, geschrotet
- 4 Naan-Brote (indisches Fladenbrot)
- Salat
- 1 Tomate
- Erdnusssauce (Rezept Seite 124)

Zubereitung

1 | Hähnchenbrust in mundgerechte Stücke schneiden und in eine Schüssel geben.

2 | Zwiebel, Knoblauch und Chilischote putzen, in kleine Stücke schneiden und zum Fleisch geben.

3 | Öl, Sojasauce und Gewürze mit in die Schüssel geben und alles gut miteinander vermengen.

4 | Über Nacht abgedeckt im Kühlschrank marinieren.

5 | Das Fleisch auf 8 Schaschlik-Spieße stecken und auf der heißen Platte für 5 bis 7 Minuten bei mittlerer Hitze von allen Seiten anrosten und garen.

6 | Salat zupfen und Tomate in kleine Stücke schneiden.

7 | Die Fladenbrote kurz auf der Platte erwärmen, etwas Salat und Tomate darauf geben und die fertigen Spieße auflegen.

8 | Erdnusssauce darüber verteilen und servieren.

Entenbrust

MIT CHINAKOHL

4 Portionen

2 Entenbrüste à 350 bis 400 g
1 Chinakohl
3 rote Zwiebeln
Pflaumen-Chutney (Rezept Seite 125)
Salz & Pfeffer
Öl zum Braten
1 Lauchzwiebel

Zubereitung

1 | Die Entenbrust auf der Hautseite mit einem scharfen Messer leicht einschneiden.

2 | Chinakohl von den äußeren, trockenen Blättern befreien und längs vierteln.

3 | Rote Zwiebeln in Ringe schneiden.

4 | Platte vorheizen und die Entenbrust auf beiden Seiten scharf anrösten und dann in den weniger heißen Randbereich ziehen.

5 | Die Ente dort zu Ende garen, dabei mehrmals wenden um eine gleichmäßige Garung zu erreichen, die Kerntemperatur sollte zwischen 56 und 62 Grad liegen, je nach eigenem Geschmack.

6 | In der Zwischenzeit den Chinakohl ebenfalls von allen Seiten scharf anrösten und garen, das dauert nur 10 bis 15 Minuten, je nach Temperatur der Platte, zwischendurch leicht mit Salz und Pfeffer würzen.

7 | Auch die Zwiebeln können schon mit etwas Öl angeröstet und für 5 Minuten gedünstet werden, dann im Randbereich warmhalten.

8 | Zum Servieren den Strunk vom Chinakohl entfernen, etwas Chutney darübergeben und die in dünne Scheiben geschnittene Entenbrust darauf anrichten.

9 | Das Fleisch mit Salz und Pfeffer würzen und mit feinen Ringen von der Lauchzwiebel garnieren.

Entenbrust
MIT ASIA-GEMÜSE

4 Portionen

- 2 Entenbrüste à ca. 250 g
- 3 Lauchzwiebeln
- 3 bunte Paprika
- 400 g Chinakohl
- 1 Chilischote
- 1 Knoblauchzehe
- 250 ml Sweet Chili Sauce
- Salz & Pfeffer
- Koriandergrün
- Öl zum Braten

Zubereitung

1 | Das Gemüse in mundgerechte Stücke schneiden, Knoblauch und Chili fein hacken.

2 | Die Entenbrust auf der Hautseite mit einem scharfen Messer leicht einschneiden.

3 | Auf der heißen Platte von beiden Seiten scharf anrösten und dann im Randbereich der Platte fertig garen lassen, dabei mehrfach wenden.

4 | Die Kerntemperatur sollte zum Servieren 55 bis 60 °C betragen.

5 | In der Zwischenzeit das geschnittene Gemüse auf der heißen Platte kräftig mit etwas Öl anrösten und dann in den weniger heißen Bereich ziehen.

6 | Kurz vorm Servieren die Sauce dazugeben und unterrühren.

7 | Mit Salz und Pfeffer abschmecken und den gehackten Koriander dazugeben.

8 | Zum Servieren die Entenbrust in dünne Scheiben schneiden und auf dem Gemüse anrichten.

FISCH UND CO.

Kabeljau
MIT ZUCCHINI

4 Portionen

800 g Kabeljaufilet ohne Haut

3 EL Gewürzmischung für Fisch (Rezept Seite 127)

2 Zucchini

1 rote Spitzpaprika

50 ml Teriyaki Sauce

2 EL Sesam

Zubereitung

1 | Den Fisch mit klarem Wasser abwaschen und trocken tupfen.

2 | Dann von allen Seiten mit der Gewürzmischung würzen und für ca. 15 Minuten im Kühlschrank ziehen lassen.

3 | In der Zwischenzeit die Zucchini und Paprika putzen und in mundgerechte Stücke schneiden.

4 | Den Fisch auf der Feuerplatte mit viel Hitze von beiden Seiten kurz scharf anrösten und dann in einem weniger heißen Bereich langsam zu Ende garen, dabei mehrfach wenden.

5 | Zucchini und Paprika ebenfalls scharf anrösten und dabei immer wieder drehen und wenden.

6 | Dann mit der Teriyaki Sauce ablöschen und den Sesam darüberstreuen.

7 | An die Seite ziehen und sanft warmhalten, bis der Fisch fertig ist.

8 | Auf Tellern anrichten und mit etwas Brot servieren.

Saiblingsfilet

MIT APFEL-FENCHEL-MIX

4 Portionen

4 Saiblingsfilets mit Haut, à 150 bis 200 g

Gewürzmischung für Fisch (Rezept Seite 127)

500 g Fenchel

3 Äpfel, süß-sauer, z. B. Elstar

Öl zum Braten

Salz & Pfeffer

Saft einer Limette

Zubereitung

1 | Fenchel waschen und in schmale Streifen schneiden.

2 | Äpfel vierteln, entkernen und schälen, dann in schmale Spalten schneiden.

3 | Die Filets mit klarem Wasser abspülen und trockentupfen.

4 | Die Fleischseite mit dem Fischgewürz oder mit Salz und Pfeffer würzen.

5 | Den Fisch bei mittlerer Hitze mit etwas Öl auf der Hautseite braten, das dauert je nach Dicke des Fisches und der Temperatur nur 5 bis 7 Minuten.

6 | 80 bis 90 % der Garung passiert auf der Hautseite, erst kurz vorm Anrichten den Fisch umdrehen, so wird die Haut besonders knusprig, gleichzeitig bleibt der Fisch wunderbar saftig.

7 | Zusammen mit dem Fisch können Fenchel und Äpfel auf die heiße Platte.

8 | Scharf anrösten und bei häufigem Wenden braten, bis der Fisch fertig ist, Äpfel und Fenchel können gerne noch etwas knackig bleiben.

9 | Mit Salz und Pfeffer würzen und mit Limettensaft abschmecken.

GEGRILLTER Shrimp-Salat

4 Portionen

- 20 Shrimps, roh, geschält und entdarmt
- 200 ml Mayonnaise
- 1 EL Hot Sauce
- 50 ml Tomatenketchup
- Salz & Pfeffer
- ½ Kopf Salat z. B. Frisée
- 100 g Cocktailtomaten
- 2 cl Cognac
- ¼ Bund Dill
- Saft einer Limette

Zubereitung

1 | Shrimps waschen und trockentupfen.

2 | 2 EL Mayonnaise mit der Hot Sauce mischen und mit wenig Salz und Pfeffer würzen.

3 | Gut miteinander vermischen, die Shrimps hineingeben und untermischen.

4 | Abgedeckt im Kühlschrank ca. 1 Stunde marinieren.

5 | Die Shrimps mit der Marinade auf der heißen Feuerplatte von beiden Seiten scharf anrösten und ca. 3 bis 5 Minuten garen, je nach Größe der Shrimps.

6 | Salat waschen und in schmale Streifen schneiden oder zupfen, Tomaten vierteln.

7 | Den Rest der Mayonnaise mit Tomatenketchup und Cognac vermischen, Dill hacken und dazugeben, mit Salz, Pfeffer und Limettensaft abschmecken.

8 | Salat in ein großes Weinglas geben, Tomatenviertel darüber verteilen.

9 | Dann die Cocktailsauce daraufgeben und zum Schluss die Shrimps dekorativ anrichten.

Shrimp-Roll

4 Portionen

- 4 Hot Dog Buns
- 400 g Shrimps, roh, geschält und entdarmt
- 1 Stange Bleichsellerie
- 1 Chilischote
- 100 g Cocktailtomaten
- 4 EL Mayonnaise
- etwas Koriandergrün
- Salz & Pfeffer
- Salat z. B. Frisée
- 1 Limette, geviertelt
- Avocadocrema (Rezept Seite 120)
- Hot Sauce

Zubereitung

1 | Sellerie, Chilischote und Cocktailtomaten in feine Stücke schneiden und mit der Mayonnaise vermischen.

2 | Koriander fein hacken und hinzugeben.

3 | Alles gut miteinander vermengen und mit Salz und Pfeffer abschmecken.

4 | Salat in feine Streifen schneiden oder zupfen.

5 | Die Shrimps mit Salz und Pfeffer würzen und auf der heißen Platte kurz und knackig anrösten und für 3 bis 5 Minuten garen.

6 | Von der Platte nehmen und noch heiß in die Gemüse-Mayo-Mischung geben und unterrühren.

7 | Die Buns aufschneiden und die Schnittflächen auf der Platte kurz anrösten.

8 | Zuerst etwas Salat in die Buns geben, dann die Shrimp-Mischung.

9 | Etwas Avocadocrema und Hot Sauce darüber verteilen und servieren.

Jakobsmuschel-CROSTINI

4 Portionen

8 Jakobsmuscheln

8 dünne Scheiben Chiabatta

3 EL Sojasauce

8 EL Guacamole (Rezept Seite 121)

Hot Sauce zum Verfeinern und Abschmecken (z. B. Tabasco oder Sweet Chili Sauce)

Olivenöl

Salz & Pfeffer

Frisée-Salat oder Kresse

Zubereitung

1 | Feuerplatte vorheizen.

2 | Die Brotscheiben mit etwas Öl zuerst anrösten und dann bereithalten.

3 | Die Jakobsmuscheln auf einer Seite rautenförmig leicht mit einem Messer einschneiden.

4 | Etwas Öl auf die heißeste Stelle der Platte geben und die Muscheln auf der eingeschnittenen Seite sehr scharf anbraten.

5 | Nach 1 bis 2 Minuten drehen und in einen weniger heißen Bereich der Platte platzieren.

6 | Die Sojasauce darüber verteilen und die Muscheln 2 bis 3 Minuten zu Ende garen.

7 | In der Zwischenzeit die Brotscheiben auf Teller legen, mit der Guacamole bestreichen und etwas Salat auflegen.

8 | Dann die heißen Muscheln darauf geben und mit etwas frisch gemahlenem Pfeffer würzen.

9 | Zum Schluss mit der Hot Sauce verfeinern und mit Salat garnieren.

Tipp
Ein schöner Zwischengang oder als halbe Portion für einen „Gruß aus der Küche“

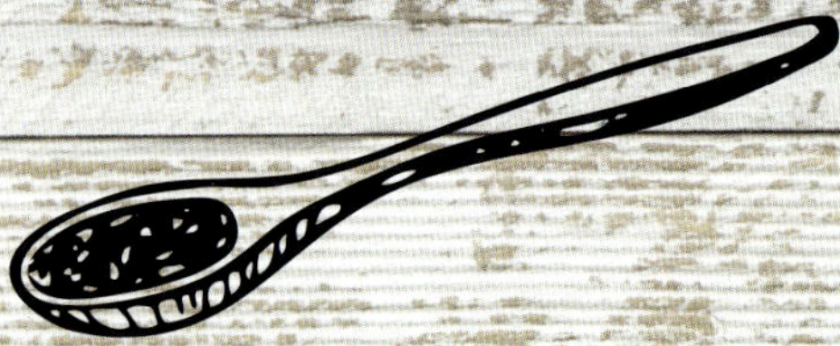

SAUCEN UND DIPS

1

AVOCADO-CREMA

2 Avocados

Saft einer Limette

250 ml Joghurt, 3,5 %

Salz & Pfeffer

½ TL Cayenne Pfeffer

Zubereitung

Avocados halbieren, entkernen und von der Schale befreien.

Alle Zutaten in einen Mixbecher geben und mit dem Mixstab pürieren.

Nochmals abschmecken und gegebenenfalls nachwürzen.

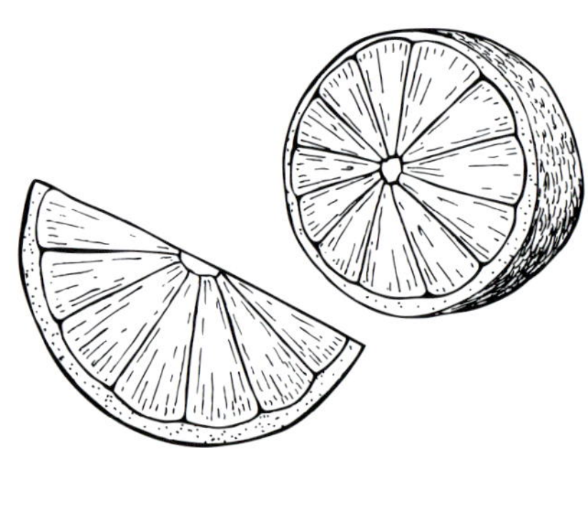

2

GUACAMOLE

2 Avocados

1 Chilischote

2 Knoblauchzehen

¼ Bund Koriander

Saft von 2 Limetten

Salz & Pfeffer

Zubereitung

Avocado schälen, entkernen und in eine Schüssel geben.

Chilischote, Koriander und Knoblauch fein hacken und zur Avocado geben.

Mit einer Gabel alles gut zerstampfen und zu einer Paste verarbeiten.

Gut miteinander vermischen und mit Salz, Pfeffer und dem Saft der Limette abschmecken.

3

AIOLI

150 ml neutrales Pflanzenöl

100 ml Olivenöl

2–3 Knoblauchzehen, fein gehackt

1 Ei

1 EL Zitronensaft

1 EL Senf

Salz & Pfeffer

Zubereitung

Alle Zutaten in einen Mixbecher geben und den Pürierstab auf den Boden des Bechers stellen.

Bei höchster Einstellung für ein paar Sekunden laufen lassen, dann langsam hochziehen, bis eine schöne Creme entstanden ist.

4

BLAU-SCHIMMELDIP

150 g zerkrümelter Blauschimmelkäse

1 kleine Schalotte, fein gehackt

50 g Walnüsse, gehackt

100 g Frischkäse

50 g weiche Butter

½ Bund Petersilie, fein gehackt

Salz & Pfeffer

Saft einer Limette oder Zitrone

Zubereitung

Alle Zutaten in eine Schüssel geben und gut miteinander vermengen.

Mit Salz, Pfeffer und Limettensaft würzen und abschmecken.

5

JOGHURT-DIP

300 ml Joghurt, 10 %

1 unbehandelte Limette

1 Zweig frische Minze

Salz & Pfeffer

Zubereitung

Joghurt in eine Schale geben.

Etwas Limettenschale abreiben und dazugeben, genauso wie den Saft einer halben Limette.

Minzblätter in feine Streifen schneiden und hinzufügen.

Alles gut miteinander vermischen und mit Salz und Pfeffer abschmecken.

6

RUCOLA-MAYONNAISE

100 g Rucola

120 ml Chardonnay

100 g brauner Zucker

200 ml Pflanzenöl

1 Ei

1 TL Dijon Senf

1 EL Zitronensaft

Salz & Pfeffer

Zubereitung

Chardonnay mit dem Zucker mischen und in einem kleinen Topf bei mittlerer Hitze auf ¼ einkochen, abkühlen lassen.

Rucola grob hacken und mit dem Öl in einem Mixer pürieren, für eine Stunde im Kühlschrank ziehen lassen.

Ei, Senf und Zitronensaft in ein hohes Gefäß geben, das vorbereitete Rucola-Öl hinzugeben und mit Salz und Pfeffer würzen.

Pürierstab hineinstellen und für ca. 5 Sekunden am Boden auf höchster Stufe halten, dann langsam hochziehen, bis die Mayo entstanden ist. Den Chardonnay-Sirup dazugeben, unterrühren und mit Salz und Pfeffer abschmecken.

7

KRÄUTER-DIP

150 g Speisequark, 20 %

150 g Schmand

2 EL Olivenöl

1 Bund Kräuter der Saison

1 rote Zwiebel

½ Knoblauchzehe

Salz & Pfeffer

Zubereitung

Quark, Schmand und Öl in einer Schüssel miteinander vermischen.

Zwiebel, Kräuter und Knoblauch fein hacken und dazugeben.

Alles gut miteinander vermengen und mit Salz und Pfeffer abschmecken.

8

ERDNUSS-SAUCE

50 g Erdnussmus ohne Stücke

3 EL Sojasauce

2 TL Sesamöl

50 ml Wasser

Salz & Pfeffer

Zubereitung

Alle Zutaten in eine Schüssel geben und gut miteinander vermischen, mit Salz und Pfeffer abschmecken.

9

KURKUMA-DIP

350 ml Joghurt, 3,5 %

1 Knoblauchzehe

1 TL frischer Ingwer

½ Bund Petersilie

1 EL Kurkuma

Salz & Pfeffer

Saft einer Limette

Zubereitung

Knoblauch, Ingwer und Petersilie fein hacken und mit dem Joghurt vermengen.

Kurkuma dazugeben, mit Salz und Pfeffer würzen und mit Limettensaft abschmecken.

PFLAUMEN-CHUTNEY

Zutaten für 2 bis 3 Gläser

500 g Pflaumen
1 Apfel, süß-sauer, z. B. Elstar
2 kleine Birnen
1 Fleischtomate
30 g frischer Ingwer
2 Knoblauchzehen
1 Chilischote
1 rote Zwiebel
500 g Zucker
250 ml Apfelessig
Saft von 2 Limetten
1 EL Senfsaat
1 TL Koriander, gemahlen
Salz & Pfeffer

Zubereitung

1 | Pflaumen entsteinen und in kleine Würfel schneiden. Apfel und Birnen schälen, entkernen und in kleine Würfel schneiden.

2 | Tomate kurz in kochendes Wasser legen, 10 Sekunden genügen. Dann die Haut abziehen, Kerne entfernen und das Fruchtfleisch ebenfalls in kleine Würfel schneiden. Zwiebel, Ingwer, Knoblauch und Chili fein hacken.

3 | Alle Zutaten in einen Topf geben und unter Rühren langsam aufkochen.

4 | Dann die Hitze reduzieren und für ca. 60 Minuten köcheln lassen, dabei häufiger umrühren und zum Ende hin abschmecken.

5 | Die Gläser sterilisiere ich immer bei 100 °C für ½ Stunde im Backofen, schraube den Deckel ab und lege ihn dazu, nehme sie heiß raus und fülle das Chutney möglichst heiß ein.

6 | Sofort den Deckel darauf schrauben und abkühlen lassen, auf den Deckel stellen ist hierbei nicht notwendig, da er mit im Backofen war.

7 | Das Ganze ist sehr heiß, also geeignete Handschuhe tragen.

8 | Passt super zu gegrilltem Fleisch, Gemüse oder auch zur Käseplatte.

RUBS

Man kann hervorragende, bereits fertig gemischte Rubs von den verschiedensten Firmen im Handel kaufen. Wenn man allerdings Lust darauf hat, sich selbst ein wenig auszuprobieren, habe ich hier einige erprobte Rezepte zusammengestellt.

Kräuter RUB

3 EL grobes Meersalz, grob
2 EL Pfeffer, geschrotet
2 EL Estragon, getrocknet
2 EL Oregano, getrocknet
2 EL Dill, getrocknet
2 EL Thymian, getrocknet
2 EL Rosmarin, getrocknet
1 EL Knoblauchflocken

Hot & Spicy

2 TL Chilipulver
2 TL Meersalz, grob
2 TL brauner Zucker
2 TL Paprikapulver, geräuchert
1 TL Thymian, getrocknet
2 Knoblauchpulver
1 TL Cumin
1 TL schwarzer Pfeffer, geschrotet

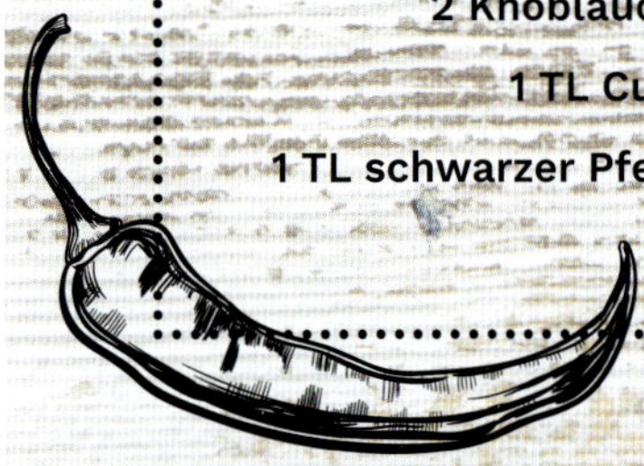

Cajun RUB

5 EL grobes Meersalz
3 EL schwarzer Pfeffer, geschrotet
2 EL Zwiebelgranulat
2 EL brauner Zucker
2 EL Thymian, getrocknet
1 EL Knoblauch, granuliert
1 TL Cayennepfeffer

Asiatische GEWÜRZMISCHUNG

1 TL Koriandersamen

1 TL Ingwerpulver

2 TL Fünfgewürz

1 TL Zwiebelpulver

1 TL Knoblauchpulver

1 TL Chiliflocken

1 TL schwarzer Pfeffer

1 TL Szechuan Pfeffer

1 TL Zitronengraspulver

2 TL Salz

6 TL Zucker

Coffee RUB

8 EL Kaffeebohnen, frisch gemahlen

5 EL brauner Zucker

1 EL Salz

1 EL schwarzer Pfeffer, frisch gestoßen

1 EL Cayennepfeffer

SÄMTLICHE ZUTATEN GRÜNDLICH MITEINANDER VERMISCHEN

Fisch GEWÜRZMISCHUNG

2 TL Meersalz

2 TL schwarze Pfefferkörner, grob gestoßen

1 TL Fenchelsaat

1 TL Paprikapulver, scharf

1 TL Kreuzkümmelsamen

1 TL Chiliflocken

1 TL Koriandersamen, grob gemahlen

1 TL rote Pfefferkörner, grob gestoßen

Magic Dust MEINE VERSION

4 EL Paprika, süß

4 EL Salzflocken

4 EL brauner Zucker

2 TL schwarzer Pfeffer, grob

1 EL Chilipulver

1 EL Cumin

1 EL Knoblauch, granuliert

1 TL Senfpulver

Vielen Dank ...

... an alle, die mich beim Verwirklichen meiner Ideen und Träume unterstützen.
Allen voran geht mein Dank an den HEEL Verlag, und da ganz besonders an Christine, die meine Buchprojekte von Anfang an begleitet, und die mittlerweile eine gute Freundin der Familie geworden ist, den stressigen Shootings und viel zu kurzen Abgabezeiten zum Trotz.
Auch bei meinen teilweise langjährigen Partnern (yourbeef, Bruttzlgrill.de, Moesta BBQ, Ofyr, Monolith, Meateor), die mich immer wieder tatkräftig unterstützen, und an die Projekte und Zusammenarbeit glauben, will ich mich bedanken. Ohne Ihr Dazutun würde sich die Umsetzung deutlich schwieriger gestalten.
Der größte Dank geht an meine Lebensgefährtin Angela, für ihre Unterstützung, ihren Beistand und Rückhalt, auch in stressigen und schwierigen Zeiten.

#loveyourlife

Euer Olli